JEAN AUDOUAR

TROIS LETTRES INÉDITES

DE

L'AMI DES HOMMES

PARIS
LIBRAIRIE ALPHONSE PICARD & FILS
Auguste PICARD, Successeur
Libraire des Archives Nationales et de la Société de l'École des Chartes
82, Rue Bonaparte, 82

1912

TROIS LETTRES INÉDITES

DE

L'AMI DES HOMMES

JEAN AUDOUARD

TROIS LETTRES INÉDITES

DE

L'AMI DES HOMMES

PARIS
LIBRAIRIE ALPHONSE PICARD & FILS
AUGUSTE PICARD, SUCCESSEUR
Libraire des Archives Nationales et de la Société de l'École des Chartes
82, Rue Bonaparte, 82

1912

Trois Lettres Inédites

DE

L'AMI DES HOMMES [1]

Les trois lettres inédites que nous publions en adoptant l'orthographe moderne ont été écrites par l'Ami des Hommes aux procureurs du pays de Provence ; conservées aux archives du département des Bouches-du-Rhône (série C, liasse 1.263), elles donnent une notion exacte du tempérament, du caractère et des pensées du marquis de Mirabeau dont elles sont le reflet. Ces quelques pages qui n'étaient point destinées au public, que le temps a épargnées et que les archivistes ont recueillies, permettent d'apprécier une de ces individualités puissantes dont l'influence fut si considérable à partir de 1757 et dont le nom et les œuvres, après avoir passionné le monde, ne sont plus guère connus que des érudits.

On lit dans les *Mémoires secrets* de Bachaumont, au 20 décembre 1767 : « Il s'est formé à Paris une nouvelle secte appelée les Economistes : ce sont des philosophes politiques qui ont écrit sur les matières agraires ou d'administration intérieure. Ils se sont réunis et prétendent faire un corps de système qui doit renverser les principes reçus en fait de gouvernement et élever un nouvel ordre de choses. Ces messieurs avaient d'abord voulu entrer en rivalité contre les Encyclopédistes et former autel contre autel ; ils se sont rapprochés insensiblement ; plusieurs de leurs adversaires se sont réunis à eux et les deux sectes paraissent confondues dans une. M. Quesnay, ancien médecin de Madame la marquise de Pompadour, est le coryphée de la bande : il a fait, entre autres ouvrages, la *Philosophie rurale*. M. de Mirabeau, l'auteur de

[1] Je tiens à remercier tout particulièrement M. Joseph Fournier, archiviste honoraire du département des Bouches-du-Rhône qui a eu l'amabilité de me signaler la liasse dont sont extraites les lettres du marquis de Mirabeau.

l'*Ami des Hommes* et de la *Théorie de l'impôt.* est le sous-direc-
teur. Les assemblées se tiennent chez lui tous les mardis et il
donne à dîner à ces Messieurs. Viennent ensuite MM. l'abbé
Baudeau, qui est à la tête des *Ephémerides du citoyen*; M. Mer-
cier de La Rivière, qui est allé donner des lois dans le Nord et
mettre en pratique, en Russie, les spéculations sublimes et inin-
telligibles de son livre *de l'Ordre naturel et essentiel des sociétés
politiques*; M. Turgot, intendant de Limoges, philosophe pratique et grand faiseur d'expériences, et plusieurs autres, au nombre
de dix-neuf à vingt. Ces sages modestes prétendent gouverner
les hommes, de leur cabinet, par leur influence sur l'opinion,
reine du monde. » L'ironique chroniqueur oublie d'indiquer que
c'était pour soulager la misère du peuple que les savants dont il
se moque agréablement se réunissaient ; que c'était pour étudier
les moyens de procurer plus de bien-être à ceux qui souffraient,
qu'ils employaient leur zèle. Car dès 1750 les questions d'économie sociale, suite nécessaire des idées philosophiques, sont à
l'ordre du jour et un mouvement irrésistible entraîne les esprits
à rechercher s'il ne serait pas possible de trouver dans la nature
des choses les principes de l'économie politique, afin de les
réunir pour en former une science. Le marquis de Mirabeau
consacra son existence à répandre les doctrines de l'école physiocratique au service de laquelle il mit « l'autorité de sa pa-
role, la considération que lui donnaient son rang et sa renom-
mée, le zèle enthousiaste qui provenait chez lui d'une conviction inébranlable et d'un vrai tempérament d'apôtre. » Et comme
pour lui, toute la question du progrès des sociétés et de l'amé-
lioration des institutions sociales se ramenait au développe-
ment de l'instruction, nous comprenons sans peine la lettre I,
dans laquelle, après avoir exposé ses idées économiques, il sup-
plie les administrateurs de la Provence d'instituer des cours
d'économie politique. C'était là une façon de propagande dont
il ne se montra jamais avare ; car sa vie fut un apostolat infati-
gable.

La seconde lettre est curieuse ; son auteur y développe le système à appliquer en matière d'alignement et proteste contre

« cette ridicule fureur des alignements » pour employer l'expres-
sion dont se servait le Bailli de Mirabeau le 16 juillet 1782 en
écrivant aux procureurs du pays. Sans doute l'intérêt du sujet est
mince. Mais quelle aimable dissertation et à travers les brous-
sailles d'un style excentrique, qui lui valut souvent les remon-
trances de Quesnay, quels jolis aperçus sur « ce fantastique prête-
nom de tant d'injustices, nommé le public. » Ne retrouvons-nous
pas aussi le *féodal* que fût toujours le marquis de Mirabeau dans
cettebrutale affirmation de son droit de propriétaire et son scepti-
cisme — mieux son mépris — à l'égard de « l'autorité et des arrêts
du Conseil qui ont eu la bonté de faire le tour. » N'est-ce pas déli-
cieux ? L'Ami des Hommes avait en effet du trait, du mordant,
quelque chose de prime-sautier et de saisissant, des expressions
et des mots que Saint-Simon n'aurait pas désavoués. Ce qui est
surtout à souligner et à admirer dans cette lettre, c'est la *manière*
avec laquelle le marquis de Mirabeau présente ses arguments.
Ainsi que le constatait un de ses commentateurs, opposant le ton
enjoué de sa correspondance à la lourdeur de ses traités : « Dans
ses lettres au contraire et à chaque fois qu'il a entrepris de per-
suader quelqu'un, la force de sa conviction lui donne une sorte
de chaleur communicative qui souvent atteint jusqu'à l'élo-
quence : il s'anime, il s'échauffe, il s'éclaire et sa voix prend quelquefois des accents inspirés, qui veulent forcer l'approbation de
son correspondant. » Ajoutez à cela son style, « ce jargon sensible, onctueux et mystique, qui a toujours été pour la multitude
une merveilleuse amorce »[1] qui, s'il est maintes fois commun,
bas et trivial, n'est point dépourvu de feu et de rapidité[2]. La

---

[1] Grimm.

[2] Le marquis de Mirabeau était le premier à se rendre compte du manque de
dignité de son style. « Mon style, écrivait-il au marquis Longo le 28 août 1777,
fait en écailles d'huître, est si surchargé de différentes couches d'idées qu'il aurait
besoin d'une ponctuation faite exprès pour le débrouiller, en supposant qu'il en
vaille la peine ; mais à quoi bon, dans ce temps d'interrègne et de relâchement
de toute discipline où tombe notre langue, qui est comme nos armées, lesquelles ne manquent jamais que de généraux. » Dans l'avertissement de l'*Ami des
Hommes*, il dit encore : « Habitué à écrire très incorrectement, les soins néces-
saires pour retoucher un style quelquefois original, mais toujours louche et
défectueux, seraient une fatigue pour moi qui suis surtout ennemi de la peine. »

cause du marquis était mauvaise, le projet de réponse des procureurs du pays ne laisse aucun doute. Nous publions ce docu-
ment que rédigea une plume sarcastique et bien provençale, et
où la raillerie de bon goût ne va pas sans un certain persiflage
dont dut s'accommoder difficilement l'amour-propre du seigneur
du Bignon, sa règle fixe étant de n'avoir jamais tort et de ne sup-
porter aucune contradiction.

La troisième lettre est relative à un procès contre la communauté de Mirabeau ; nous la publions également parce que sa
dernière partie dépeint le personnage mieux encore que ses propres ouvrages ou les témoignages de ses contemporains. Ne se
pose-t-il pas « en homme qui osa dire aux Rois et aux nations les
vérités les plus contradictoires aux opinions dominantes quand
il les crut essentielles au bonheur public ? » Pour l'époque la
phrase est audacieuse ; avouez cependant avec le spirituel rédac-
teur anonyme du projet de lettre à M. de Mirabeau « que cette
magnifique ambition est fort plaisante. »

Jean Audouard.

I

De Paris, le 25 août 1767.

Messieurs,

Je suis sensible comme je le dois à votre bonté de faire quelque cas de l'ouvrage [1] que je vous ai fait parvenir par M. Pazery [2]. Les circonstances de détail qui me défendent de faire les honneurs d'aucune sorte d'écrits m'ont empêché de vous l'offrir moi-même et par vous à la province qui me reçut au nombre de ses enfants. Je priai seulement M. votre député de vous le faire passer comme une chose qui vous appartient de droit ; le maître de l'arbre ne lui doit d'autre remercîment de son fruit, que la protection et la culture, et les soins vigilants de nos administrateurs nous payent des tributs que nous pouvons leur offrir.

Si le zèle était la mesure des talents, certes je le disputerais à tout autre, mais tel que je suis, depuis que j'ai pu m'en connaître quelqu'un, j'ai conçu que le bien de la patrie en devait être l'objet, notre province est ma patrie plus particulière et je me trouverais bien heureux si mes faibles travaux pouvaient lui être de quelque utilité. Vous dites vrai, Messieurs, le gouvernement a le pouvoir et par conséquent a contracté le devoir de faire prévaloir les vérités fondamentales relatives à l'ordre essentiel et naturel des sociétés et à la prospérité humaine ; mais nous avons tous part à son autorité dans notre chose particulière, à plus forte raison les administrateurs d'une province doivent-ils se regarder comme faisant partie du gouvernement. A la vérité le gouvernement en chef lie souvent les mains aux administrations particulières par ses arrangements généraux ; mais, avant de décider si c'est un bien ou si c'est un mal, il faudrait savoir de quel côté sont les vraies lumières, car quant à la volonté elle peut être droite par l'intention, mais par le fait, les connaissances seules en peuvent décider. Quoiqu'il en soit ce n'a jamais été que par les peuples que les gouvernements se sont convertis. L'opinion est et sera toujours la reine du monde. Faute d'un point d'appui fixe, elles ont toujours été en Europe dans la fluctuation des préjugés successifs et également destructifs, depuis que la férocité gothique s'établit sur les ruines de la fiscalité romaine. Cette dernière éternelle malade nous a tous gagnés enfin. C'est dans l'ordre naturel le (*sic*) dernière période des nations puisque c'est l'art de la spoliation civile et supposé qu'il ne reste plus de barbares pour changer encore la face des nations, elles finiraient

---

[1] *Les Eléments de philosophie rurale* (La Haye. libraires associés. in-12). résumé de la *Philosophie rurale ou Economie générale et politique de l'agricul-culture* (1763).

[2] André Pazery (1721-1807), professeur de droit à l'Université. assesseur d'Aix en 1762 et 1763, syndic de robe du corps de la noblesse de Provence, fut maintes fois député à la Cour, pour le soutien des affaires du pays.

par la dépopulation absolue, l'émigration et le désert, si nous ne changeons enfin de route tandis qu'il nous reste assez de force encore pour
revenir sur nos pas. Heureusement, il s'est découvert de nos jours une
science qui n'est autre chose que l'étude la plus simple des lois essentielles du créateur relativement à notre subsistance et à la multiplication
de notre espèce toujours subordonnée à l'étendue des subsistances. Cette
science n'est une étude que parce qu'elle contredit tous les préjugés politiques du temps, institués par l'intérêt particulier exclusif et qu'elle démontre qu'ils sont tous renfermés dans l'intérêt général ; à cela près tous les
résultats en sont avoués comme favorables à tous, mais elle a cela de particulier qu'elle échappe à la movibilité éphémère des spéculations humaines par la solidité de ses fondements réduits en démonstration par une méthode arithmétique et simple. Cette méthode vous l'avez devant vos yeux
dans le tableau économique qui est à la tête des *Eléments*. Elle demande
pourtant une étude prise de jeunesse et d'autant plus avantageuse alors,
qu'elle préservera dès lors l'intelligence de nos neveux de tous les prestiges de la fausse politique, qu'elle apprendra à chacun les règles essentielles de la bonne conduite dans le gouvernement particulier de son patrimoine et dans la portion du patrimoine public qui lui sera confié, car une
province et un état ne sont que de grandes familles. C'est de cette science,
Messieurs, dont les nations étrangères nous demandent aujourd'hui des
démonstrateurs, dont il s'établit ici une école publique dont plusieurs
provinces vont fonder chez elles un cours. Et quoi, ma patrie si distinguée
par le génie et la feu de ses habitants sera-t-elle des dernières à faire part
à ses enfants d'un genre d'instruction dont le premier organe est né
dans son sein ? Je me croirai toujours enfant dédaigné et rejeté de sa
famille tant que mon zèle n'obtiendra de vous que quelques louanges
peu méritées quant à mon talent particulier et que je ne penserai devoir
qu'à la politesse de nos administrateurs. Je vous le répète. Le gouvernement ne peut qu'instruire les peuples ou les contraindre, ce dernier
moyen est fait pour les pervers, l'autre vous le pouvez comme lui. Instituer au nom de la province un cours de *science économique* ; la voix paternelle lui donnera un tout autre crédit que ne peuvent faire nos dénonciations. Faites venir les *Ephémerides du citoyen* [1] par la poste comme
le font les particuliers, d'un bout de l'Europe à l'autre et par abonnement
dont les auteurs sont chargés au lieu de les avoir par occasion. Cet ouvrage périodique, composé d'ailleurs par les meilleures mains de notre

[1] A partir du 1er janvier 1767, les *Ephémerides du citoyen* devinrent l'organe
officiel de l'école physiocratique ; elles paraissaient le 20 de chaque mois, par
fascicule de 200 à 230 pages in-12. Ce recueil cessa de paraître *par ordre* en mars
1772 ; il eut une dernière existence de janvier 1775 à juin 1776, grâce au ministère de Turgot.

temps, est destiné à remettre sans cesse sous les yeux du lecteur les principes et leurs conséquences, vous en jugerez vous-mêmes, vous les met-
trez en crédit parmi nos compatriotes et nos neveux vous devront plus
encore comme instituteurs que nous ne vous devons comme administrateurs dignes du respect et de la reconnaissance publique. C'est avec ces
sentiments que je suis, Messieurs, votre très humble et très obéissant
serviteur.

(Signé :) Mirabeau.

[Original. Archives des Bouches-du-Rhône, C, 1263]

II

De Paris, le 10 octobre 1767.

Messieurs,

Je n'ai d'ordinaire que des remercîments à vous faire ; rarement vous
ai-je importuné de mes requêtes et je ne sache pas avoir de ma vie rien
demandé, à la province que le radoub du chemin du grand port à Mirabeau qui dans son état ancien était par la hauteur et l'étendue de ses
routes un monument de l'attention que nos pères crurent devoir à ce
point de communication, mais qui n'était plus praticable depuis que le
commerce intérieur de la province se fait presque tout en charrette.
Aujourd'hui et pour la première fois et à ce que j'espère pour la dernière
fois de la vie ce sont des plaintes que j'ai à vous faire. Vous m'avez
aussi trop aidé, Messieurs, et en vous demandant de faciliter et d'élargir
une montée indispensable, j'ai très involontairement attiré chez moi le
fléau des alignements. Non seulement on m'a coupé par la moitié une
belle vigne, tout un canton de bois et changé des limites statuées par des
transactions importantes sur procès éternels et ruineux entre mes pères
et la communauté de Beaumont, le tout pour faire un chemin très dan-
gereux ou moins sûr que l'ancien à la descente qui va à Négreaux ; mais
maintenant il est question de me ravager ma plaine pour un alignement
de chemin qui ne gagnera pas 5 toises et qui me fera un tort considérable. Je suis bien éloigné de demander des privilèges ; je sais, je dis et je
démontre qu'ils sont tous ou presque tous abusifs. Je n'ignore pas cependant que dans l'état où sont les choses, le peu de considération publique
pour un notable qui n'a pas démérité loin de consoler les peuples par
l'aspect de l'égalité ne fait qu'effrayer par l'exemple et changer la confiance en terreur. D'entre les injustices de notre âge à l'occasion des
chemins sur lesquelles ma faible voix a rendu quelques services, j'ai noté
particulièrement le délire des alignements. Les intègres administrateurs
ne doivent pas être étonnés de voir la concussion de fait naître de l'exé-

cution de leurs plus utiles vues, sitôt que négligeant l'adhérence aux vrais principes, ils s'écartent dans leurs décrets du fond des choses pour s'attacher à la forme.

L'intérêt particulier, Messieurs, est la loi de nature, c'est par lui que tout doit marcher ici bas ; l'intérêt public, au contraire, est purement de création humaine et ne consiste en autre chose qu'en la conservation de tous les intérêts particuliers quelconques sans lésion du moindre, faute de quoi ce n'est plus qu'un prétexte et dans le fond le plus odieux et le plus criminel des attentats contre Dieu et les hommes. L'objet des chemins n'est donc point l'intérêt public, c'est l'intérêt de chaque particulier pour les débouchés, la facilité du commerce, etc.

Oh ! je vous demande que fait à cela l'alignement ? il abrège, c'est un point et toutes autres choses étant égales, il doit être considéré. Je dis *toutes autres choses étant égales*. Voici celles qu'il faut envisager : 1º l'objet est le débouché, plus donc mon chemin avoisine de terres, de maisons de villages, plus il remplit son objet, plus il en évite au contraire, plus il s'en écarte. Le chemin est comme le ruisseau, moins il serpente, moins il arrose le pays ; 2º la commodité des voyageurs ; c'est une barbarie de ne considérer les voyageurs que dans l'ordre de ceux qui sont pressés d'arriver pour ne rien faire, c'est le faible, le piéton, le porteballe, le voiturier de détail, ce sont les petits, dis-je, qui sont vraiment confiés à l'administration ; or, ceux-là ont besoin de fréquents hospices, reprennent courage à chaque relais de leur tâche découpée et sont accablés d'avance par l'aspect d'un alignement qui exagère leur fatigue ou trompe leur espoir ; 3º l'unique intérêt d'un pays, le seul dis-je, sans exception auquel se rapporte tout, la police, les lois, le commerce, la magistrature tout enfin, c'est la culture, la plus grande culture, la meilleure culture, la plus grande abondance possible de produits. Les chemins sont voués à la stérilité ; voilà pour la largeur, mais aussi pour l'alignement qui ne ménage rien, qui entame un pré comme une roche. Je suppose que vous dédommagez ; à Dieu ne plaise que je fusse tenu à renier ma patrie, et dénoncer ses administrateurs à l'anathème de l'Europe entière faute de cet arrangement, qui est de la plus stricte justice. Mais, Messieurs, prenez garde au faux poids et à la fausse mesure qui s'introduisent si aisément dans les traités du supérieur à l'inférieur. Car pour qu'un marché ne soit point injuste, il faut qu'il soit entièrement libre de part et d'autre ; ensuite pour me dédommager de mon pré que vous coupez, il faut non seulement me payer ce que vous prenez, mais encore de ce que vous coupez et séparez de l'arrosage, du déchet du domaine dont ce pré faisait l'assortiment, du temps que je serai à en faire un autre, du travail et des avances que j'y mettrai, de la récolte du champ qui va le remplacer, etc. Tout cela ne sont (*sic*) point des doubles emplois et nous connaissons si peu encore ce que c'est que la propriété, ce qui est revenu, ce qui est charge, qu'il est bien peu de propriétaire qui puisse lui-même apprécier son bien. Mais enfin je le suppose content et se tenant pour pleinement dédommagé, il ne se croit tel qu'en vertu de cette erreur habituelle et impie qui nous fait regarder à presque tous comme de bonne prise ce qui est pris sur cet être de création humaine appelé le *public*[1]. Car enfin qui est-ce qui fait les frais de ce dédommagement ? C'est la province, c'est lui pour sa part. Or la province est-ce vous, Messieurs, ou vos successeurs ? Ce n'est autre chose qu'un extrait des fortunes particulières destiné à la police et au maintien du tout et de chacune d'icelles et dont la manutention vous a été confiée. Or, est-il de son intérêt de s'épuiser en dédommagement d'un pré substitué à un gravier ou une roche, le tout pour faire la vanité d'un point de vue ou pour abréger de quelques toises ? Mais voilà ce pré voué à la stérilité et la roche abandonnée n'en deviendra pas plus fertile. C'est à cette perte que je commence à reconnaître l'existence de ce fantastique prête-nom de tant d'injustices, nommé le public, car c'est une perte publique que celle d'une toise de terre propre à la fertilité.

D'après ces raisons, Messieurs, et beaucoup d'autres que je pourrai ajouter encore, je me félicitais lorsque je fis il y cinq ans un voyage dans notre province d'y voir les chemins porter encore la livrée de l'antique paternité. On m'a reproché depuis un alignement auprès de Septèmes qui outrage la nature dans le sens ci-dessus ; j'en gémissais, mais je n'aurai pas cru que ce fut de sitôt sous mes yeux et sur ma terre que l'empire des sous-ordres si sujets à abuser de leur perpétuité et de la confiance de supérieurs amovibles et surchargés de soins plus intéressants vint s'exercer. J'ai dans ma terre et dans la plaine entre le Grand logis et Clapiers un chemin que j'ai toujours vu l'un des meilleurs de la province. S'il n'est pas de la largeur moderne, je n'ai garde de requérir une exception. Mais il est question de le détruire et d'en faire un autre pour gagner cinq toises par l'alignement. Je n'ai pas voulu vous importuner d'après des rapports ; mais mon frère qui a séjourné sur les lieux m'a confirmé la chose. La providence a voulu que j'eusse beaucoup de champs et de prés dispersés dans différentes provinces ; partout où l'autorité mandataire décide de ces sortes de choses, je me suis fait justice d'abord pour n'avoir pas le reproche à me faire d'avoir abusé de la notabilité. Une fois certain que je me prêtais au bien de la chose autant que le plus faible aurait pu faire, je tenais ferme et comme un propriétaire équitable est toujours le plus fort chez lui, l'autorité et les arrêts du Conseil ont eu la bonté de faire le tour. Si M. Vallon[2] était aussi bien l'avoué (?) d'un intendant que le votre, mon patrimoine deviendrait certai-

---

[1] Nous disons de nos jours le *contribuable*.

[2] M. Vallon était l'agent-voyer de la province.

nement une parenthèse dans sa juridiction ; mais il ne serait pas juste que mon respect et mon dévouement patriotique me tournassent à injure.

Je vous demande donc, Messieurs, si mes pères et moi avons mérité ou voulu mériter quelque chose de nos compatriotes ou plutôt, en vertu de la confiance que m'ont inspirée les témoignages de bonté dont vous m'avez honoré, je vous demande, dis-je, de vouloir bien ordonner qu'il soit sursis à toute entreprise chez moi jusqu'à ce que mon frère, qui doit bientôt retourner dans la province, soit sur les lieux. Il y voit bien ; il est équitable et nullement minutieux ni avantageux. Nous nous ferons justice sur tout ce qui sera d'utilité et de décence et j'ose dire que nous sommes à cet égard des organes plus sûrs et plus désintéressés que des employés à qui le fond n'est rien et qui ne pensent qu'à la forme, qui sans intérêt pour le territoire et l'essentiel n'ont en vue que leur district et la décoration.

J'ose, Messieurs, attendre de votre bonté et de votre justice cette condescendance pour un propriétaire qui tâche de remplir les devoirs que lui impose cette qualité et suis avec respect, Messieurs, votre très humble et très obéissant serviteur.

(Signé :) Mirabeau.

[Original. Archives des Bouches-du-Rhône, C. 1263].

Projet de lettre au marquis de Mirabeau

Monsieur,

Nous avons reçu avec plaisir votre lettre du..... , car on reçoit avec avidité tout ce qui arrive de la part de l'Ami des Hommes et il est le nôtre puisqu'il cherche à nous instruire et à nous mettre à couvert des anathèmes de toute l'Europe. Quoique nous soyons franchement des écoliers, il est trop juste pour vouloir qu'on l'en croie sur tout sans être persuadés, nous pensons qu'il y a une maladie qui veut toujours aligner les chemins, mais qu'il y en a une qui les veut toujours tortueux ; qu'un chemin qui serpenterait sans cesse pour aller vivifier à droite et à gauche des villages, des fermes, etc., en voulant remplir les intérêts particuliers les détruirait en détruisant l'intérêt général, qu'il serait peut-être avantageux que de Paris à Rouen la Seine aille tout droit, qu'en bien des matières l'intérêt public est une juste réduction et répartition dans les intérêts des particuliers en otant aux uns ce qu'ils ont de trop pour donner à ceux qui n'ont pas assez et qu'au surplus le très petit bout de chemin dont il est question peut être droit ou circulaire sans qu'à côté de lui il y ait ni bourg ni village ni maison qui ait besoin d'être vivifié. M. le baron d'Oppède, l'un de nous, a été sur les lieux avec l'ingénieur du pays, il a pensé que ce bout de chemin était trop étroit, M. le Bailli de Mirabeau et M. l'abbé...... [1], qui est chez vous sont convenus que si on laissait le chemin dans l'emplacement actuel, il faudrait que pour l'élargir vous fissiez passer le fossé de l'eau de votre moulin plus haut vers la montagne pour donner de l'espace pour l'élargissement attendu que de l'autre côté il y a une rive élevée sur le terrain inférieur dans lequel vous désirez qu'on ne passe pas et qu'il faut conserver et peut être augmenter pour n'avoir pas besoin de faire un mur de soutènement au chemin dispendieux et sujet à crouler et partant à un gros entretien, ce qui a arrêté sa bonne volonté pour faire chose agréable à vous, Monsieur, et à M. votre frère, c'est la dépense déjà faite pour l'alignement dans le terrain inférieur et que nous avons tous pensé qu'il se pourrait bien que vous en vinssiez à croire que le nouveau projet vaut bien l'ancien, nous voudrions que vous fussiez vous-même sur les lieux pour, vous laisser diriger cette partie en faisant usage de tous les grands principes que vous possédez si bien et pour que vous donnassiez un exemple de ce que chacun devrait faire pour le bien général ; les hommes auraient bien besoin qu'on leur en donnât à cet égard de si frappants qu'ils ne pussent y résister. Nous sommes en place pour apercevoir qu'il n'y a rien de si impossible que d'accorder le bien général et celui de chaque particulier, chacun changeant de lunettes pour le tien et le mien, défaut dont vous serez toujours exempt ; au surplus on n'a rien fait depuis ce temps pour votre chemin qui est si court qu'il faut avouer qu'il est assez peu intéressant et pour les voyageurs et pour vous ; il ne le devient qu'en ce que lorsque le public fait quelque chose, il faut que son ouvrage soit le mieux possible et ait une teinte de cette beauté publique que les Romains savaient si bien imprimer à tout ce qu'ils faisaient, vous avouerez sans doute que cette magnifique ambition est fort plaisante.

III

De Paris, le 28 janvier 1774.

Messieurs,

Je suis sensible comme je le dois à l'attention paternelle avec laquelle vous voulez bien me prévenir ; elle est conforme à votre bonté, elle est digne aussi de votre prudence. Quelque petits que puissent être les objets, des administrateurs tels que vous qui savent tout voir et tout connaître n'ignorent pas que Mirabeau est un pauvre lieu uniquement relevé et doté par mon père où à peine 4 ou 5 habitants savent lire, que d'au-

[1] Le nom manque ; peut-être l'abbé Honoré Castagny ou l'abbé Clapier.

tre part leur seigneur, le plus pacifique des hommes, administre son bien et ses droits en paix et concorde depuis près de quarante ans ; que quand tout à coup il s'élève des questions sérieuses et propres à être portées aux tribunaux entre un tel homme qui ne passa pas plus pour être absurde que pour être injuste et une communauté de pauvres gens, il faut que quelque chicaneur connu et avéré[1] en fournisse le fond et la forme et qu'une administration respectable pour tous également risquerait de se compromettre, en prenant parti dans une affaire dont un tel homme est l'auteur et le moteur, comme aussi de déchoir en changeant son rôle naturel de mère tutrice et modératrice en celui de partie et de prète-nom. Peut-être, Messieurs, a-t-on trop oublié dans notre province en d'autres temps, que ne formant tous qu'une même famille, nous étions tous également subordonnés à nos magistrats intérieurs, aux dépositaires de la confiance publique, aux représentants de l'intérêt public ; peut-être de sa part notre administration détournée du véritable point de vue de sa dignité a-t-elle trop souvent pris couleur dans des partialités domestiques et s'opposant de la sorte elle-même à ses propres vues a-t-elle souvent gémi de la perpétuité de l'esprit de zizanie qui semble être l'âme des communautés et dont elle eut pu s'accuser. Ce n'est qu'à cet esprit qui semble avoir fondé son siège funeste parmi nous, qu'on peut attribuer cette législation que vous ne pouvez vous empêcher d'appeler *austère* et qu'on appellerait *turbulente* ailleurs, qui étonne et scandalise les nations instruites et qui rejette toute prescription en matière de compensation. Quoi, dirent-elles, un incendie qui aura brûlé des titres publics et privés réduit en ce pays les arrangements les plus anciens et les plus manifestes par le consentement des âges successifs à se voir remis en question et rayer faute de pouvoir rapporter la preuve des moindres formalités de détail. Ces sortes de préjugés ne dépouillent à ce qu'on croit que des particuliers, mais ils rebutent un grand nombre de propriétaires, ils les mettent tous dans un état de défiance et de guerre sourde qui livre sans cesse notre pauvre peuple à la moindre insinuation des plus vils chicaneurs. Moi, par exemple, Messieurs, depuis 40 ans je suis hors de la province, depuis ce temps je jouis de ce que je possède dans ma terre sans réclamation, l'on me demande aujourd'hui de rapporter la preuve des formalités remplies par mon père avant ce temps et si quelque bout de papier me manque, l'administration qui de tout temps fut l'objet de mon respect et de mon hommage, se croit forcée par ce malheureux usage à intervenir tout à coup contre moi, qui ne demande rien, qui n'appelle personne à ma garantie quoique j'en eusse bien plus de droit comme possesseur périmé selon le droit de toutes les nations, qui ne veux que la paix enfin et la protection que je paie de mon obéissance.

[1] Sans doute le sieur Mottet, ancien procureur à Aix.

Eh! quoi, si la loi, telle quelle, est si claire et l'usage si constant, ma communauté est-elle si hors de portée des tribunaux qu'elle ait besoin du cri public pour se faire entendre? Suis-je si pressant à capter mes juges, que l'autorité de nos chefs soit nécessaire pour faire contre-poids? Qui ne voit, Messieurs, que vous n'êtes interpellés par la chicane qu'afin que suivant la routine j'appelle de mon côté le corps de la noblesse; qu'on verse la bouteille à l'encre et que bientôt la complication de la forme sauve la défectuosité du fond. C'est ainsi, Messieurs, que les corps les plus respectables se trouvent compromis par la plus vile canaille, que l'intérêt public et privé, cet objet constant de toute autorité légitime, est sacrifiée à des préjugés de routine et d'habitude établis dans des temps d'animosité, qu'on confond les personnes et les choses, que les esprits et les cœurs s'aliènent et que la charité, l'âme de toute famille petite ou grande, la paix et l'union se perdent. Peut-être, Messieurs, aurais-je moins pesé sur ces inconvénients, si j'avais aujourd'hui à les craindre. Je ne suis pas dans le cas: les 2 compensations de 1729 et de 1732 sont hors de toute atteinte, toutes les formalités furent remplies, je le savais, mais j'en ai la preuve et s'il vous plaît de mander le sieur Raspaud, avocat, mon agent à Aix, il mettra sous vos yeux ces preuves, que les tribunaux feront connaître à ma communauté ou à leur prête-nom. C'est bien le moins que je vous doive que cette déférence, mais je vous devais aussi comme citoyen ancien et des plus zélés, comme homme qui osa dire aux Rois et aux nations les vérités les plus contradictoires aux opinions dominantes quand il les crut esssentielles au bonheur public, je vous devais, dis-je, celles que je viens de prononcer et qui sont un acquit de mon devoir, une portion de mon hommage et de l'inviolable respect avec lequel je suis, Messieurs, votre très humble et obéissant serviteur.

(Signé:) LE MARQUIS DE MIRABEAU.

[Original. Archives des Bouches-du-Rhône, C. 1263].